Contents

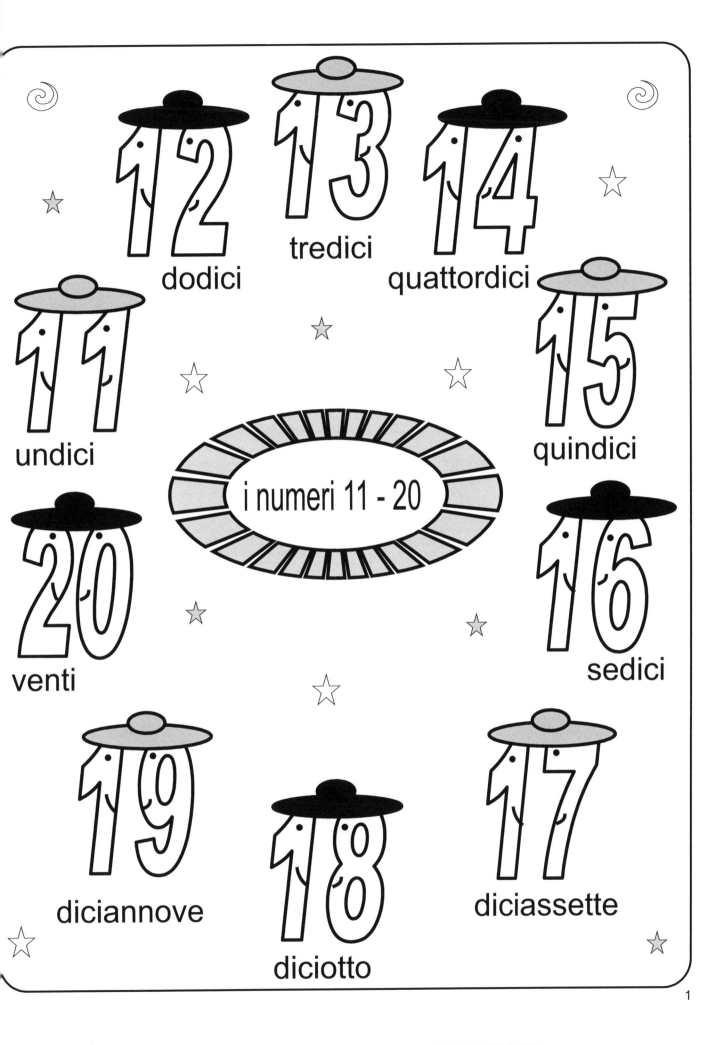

dodici

tredici

quattordici

undici

quindici

i numeri 11 - 20

venti

sedici

diciannove

diciotto

diciassette

1

il bruco (the caterpillar)

Inserisci i numeri mancanti: (Fill in the missing numbers:)

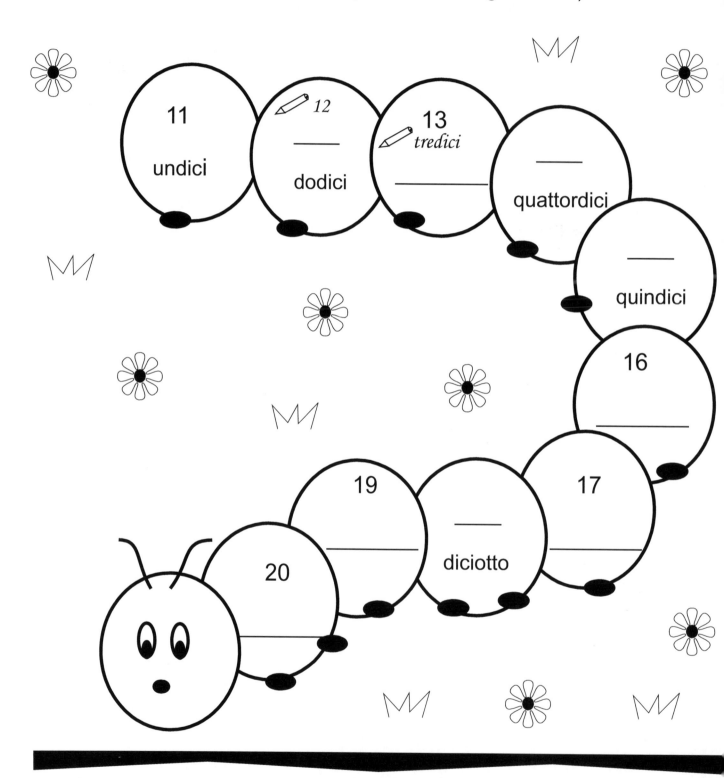

11	12	13	14	15	16	17	18	19	20
undici	dodici	tredici	quattordici	quindici	sedici	diciassette	diciotto	diciannove	venti

Che numero è? (What number is it?)

1) Abbina la parola italiana con la parola inglese:
(Match the Italian word with the English word:)

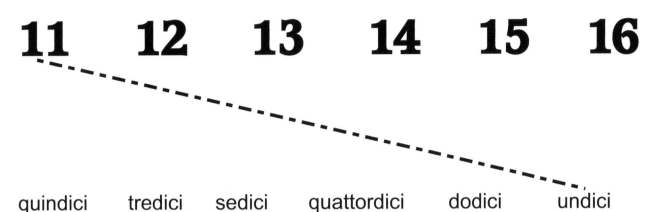

| 11 | 12 | 13 | 14 | 15 | 16 |

quindici   tredici   sedici   quattordici   dodici   undici

2) Copia i numeri e le parole in italiano:
(Copy the numbers and the words in Italian:)

 diciassette

diciassette

_____

 diciotto

_____

 diciannove

_____

 venti

_____

i numeri 11 - 20 (numbers 11 - 20)

1) Quanti ce ne sono? (How many are there?)

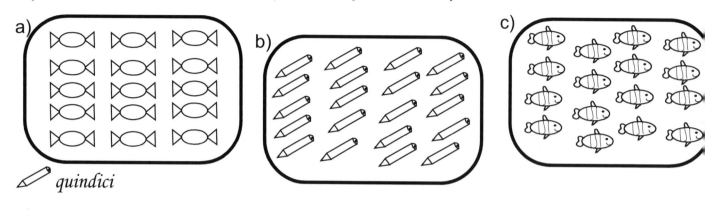

a)

✏️ *quindici*

_____

b)

_____

c)

_____

d)

_____

e)

_____

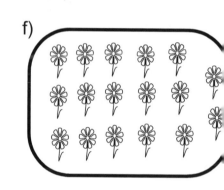

f)

_____

2) Riordina le lettere per trovare i numeri:
(Reorder the letters to find the numbers:)

a) n n i d e i a c o v

✏️ *diciannove*

b) d i c i n u

c) d t c r i e i

d) t t i o c i o d

_____

_____   _____   _____

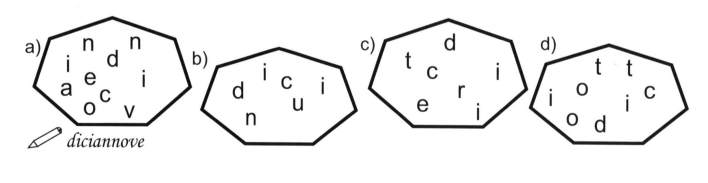

11	**12**	**13**	**14**	**15**	**16**	**17**	**18**	**19**	**20**
undici	dodici	tredici	quattordici	quindici	sedici	diciassette	diciotto	diciannove	venti

4

i numeri 11 - 20

D	I	C	I	A	S	S	E	T	T	E	P	J	M	D
H	Q	U	A	T	T	O	R	D	I	C	I	H	U	I
D	K	S	U	H	J	I	C	F	D	I	S	D	F	C
O	I	H	F	O	C	O	I	R	C	J	G	I	E	I
D	F	P	I	I	B	C	G	I	S	I	N	C	U	A
I	M	K	D	J	I	G	D	F	C	U	I	I	R	N
C	H	N	I	D	R	N	O	E	R	T	C	O	V	N
I	U	P	E	O	I	S	D	F	N	B	F	T	Q	O
K	F	R	K	U	J	E	Z	E	S	C	S	T	C	V
G	T	Z	Q	K	S	I	V	R	O	G	U	O	S	E

Trova queste parole: (Find these words:)

11	**12**	**13**	**14**	**15**
UNDICI	DODICI	TREDICI	QUATTORDICI	QUINDICI

16	**17**	**18**	**19**	**20**
SEDICI	DICIASSETTE	DICIOTTO	DICIANNOVE	VENTI

5

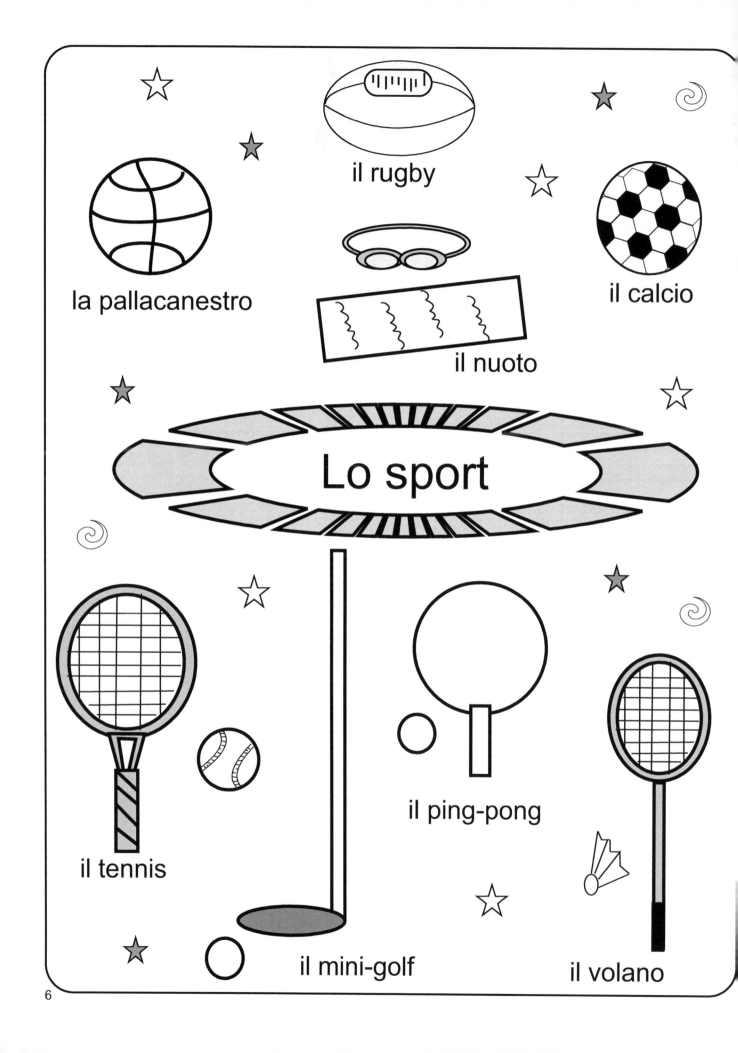

il rugby

la pallacanestro

il nuoto

il calcio

Lo sport

il tennis

il ping-pong

il mini-golf

il volano

6

Lo sport

Scrivi il nome dello sport in italiano.
(Write the name of the sport in Italian.)

a)  _il calcio_

a) _____

b) _____

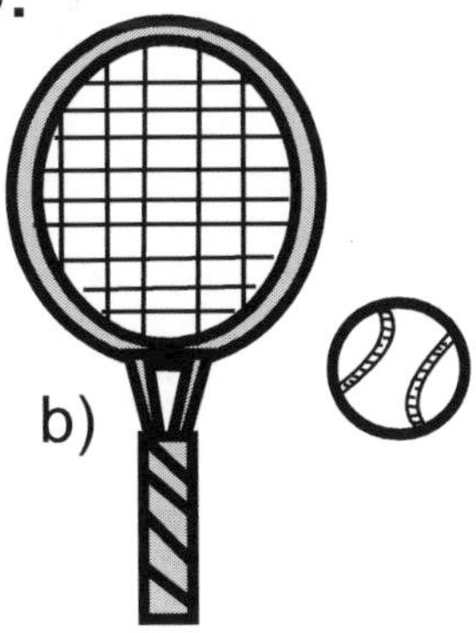

c) _____

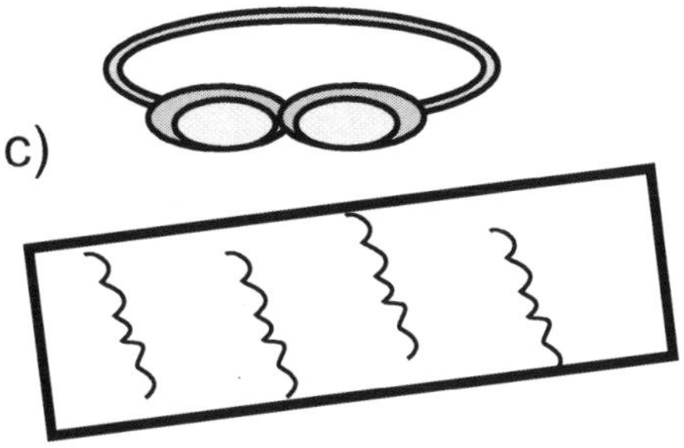

d) _____

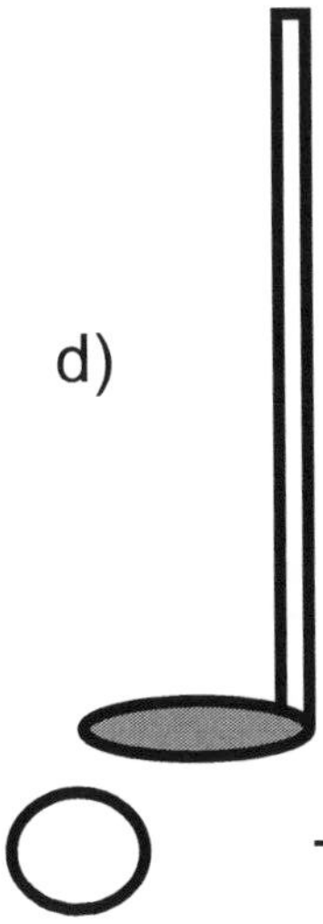

e) _____

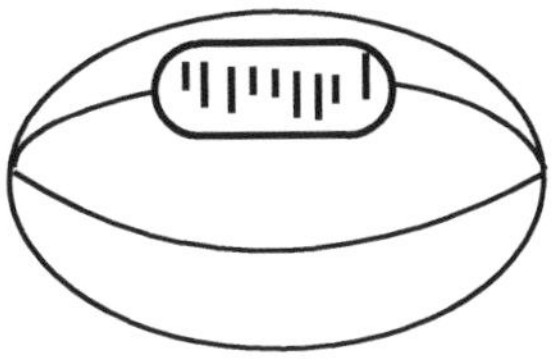

f) _____

g) _____

h) _____

_____   _____

| il volano | il nuoto | il ping-pong | il rugby |
| la pallacanestro | il calcio | il mini-golf | il tennis |

Che sport è? (What sport is it?)

Guarda i disegni. Scrivi lo sport in italiano.
(Look at the pictures. Write the sport in Italian.)

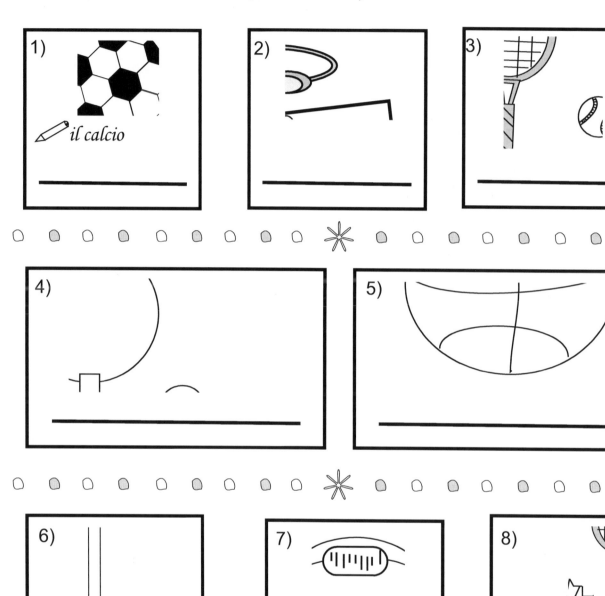

il calcio

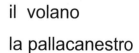

| il volano | il nuoto | il ping-pong | il rugby |
| la pallacanestro | il calcio | il mini-golf | il tennis |

8

♡ Cosa piace ad Anna? (What does Anna like?) ♡

Mi piace = I like	Non mi piace = I don't like

Anna ha scritto alcune frasi. Guarda i desegni. Sono corrette?
Scrivi **sì** o **no**. (Anna has written some sentences. Look at the pictures.
Are they correct? Write **sì** (yes) or **no** (no).)

sì

1) Mi piace il calcio. _____

2) Non mi piace il mini-golf. _____

3) Mi piace il rugby. _____

4) Mi piace il tennis. _____

5) Mi piace il nuoto. _____

6) Mi piace il ping-pong. _____

7) Mi piace la pallacanestro. _____

8) Non mi piace il volano. _____

Mi piace lo sport! (I like sport)

Dì quali sport ti piacciono e quali no, inizia ogni frase con:
(Say which sports you like or dislike, and start each sentence with either:)

 Mi piace .... Non mi piace ....

1) Ti piace il tennis? (Do you like tennis?)
    Mi piace il tennis.   /   Non mi piace il tennis.

_____ .

2) Ti piace il nuoto? (Do you like swimming?)
    Mi piace il nuoto.   /   Non mi piace il nuoto.

_____ .

3) Ti piace il calcio? (Do you like football?)

_____ .

4) Ti piace il rugby?

_____ .

5) Ti piace il ping-pong?

_____ .

6) Ti piace il mini-golf?

_____ .

7) Ti piace la pallacanestro?

_____ .

i giorni della settimana

(the days of the week)

n che giorno Roberto fa i vari sport?
(What day does Roberto do the different sports?)

eggi le frasi: (Read the sentences:)

Lunedì gioco a tennis.

Martedì gioco a calcio.

Mercoledì faccio nuoto.

Giovedì gioco a rugby.

Venerdì gioco a pingpong.

Sabato gioco a mini-golf.

Domenica gioco a pallacanestro.

Lunedì .... Monday
Martedì .... Tuesday
Mercoledì .... Wednesday
Giovedì .... Thursday
Venerdì .... Friday
Sabato .... Saturday
Domenica .... Sunday
gioco........... I play
faccio...........I do

Scrivi in inglese il giorno per...... (Write in English the day for....)

1)

Sunday

2)

_____

3)

_____

4)
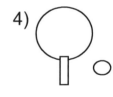

_____

5)
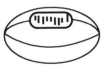

_____

6)

_____

7)

_____

Che giorno è? (What day is it?)

Abbina la parola italiana con la parola inglese:
(Match the Italian word with the English word:)

In Italian, the days only need a capital letter at the start of a sentence.

lunedì

Saturday

sabato

martedì

Monday

Thursday

mercoledì

Tuesday

giovedì

Sunday

Friday

domenica

venerdì

Wednesday

lunedì = Monday   martedì = Tuesday   mercoledì = Wednesday

giovedì = Thursday   venerdì = Friday   sabato = Saturday   domenica = Sunday

12

Lo sport

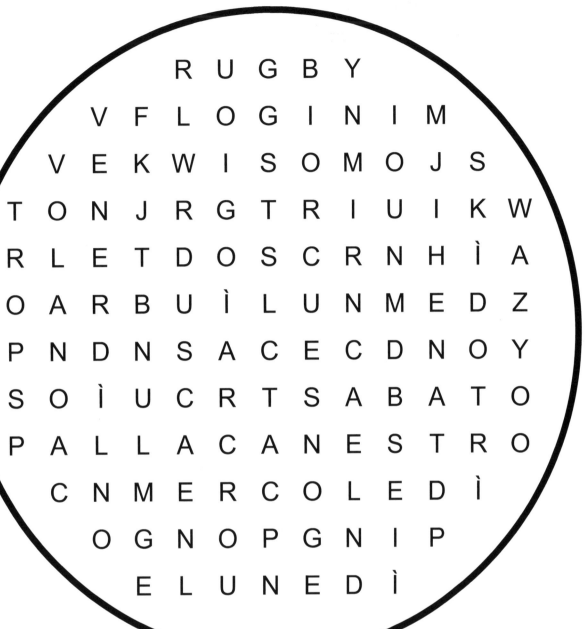

```
            R  U  G  B  Y
         V  F  L  O  G  I  N  I  M
         V  E  K  W  I  S  O  M  O  J  S
   T  O  N  J  R  G  T  R  I  U  I  K  W
   R  L  E  T  D  O  S  C  R  N  H  Ì  A
   O  A  R  B  U  Ì  L  U  N  M  E  D  Z
   P  N  D  N  S  A  C  E  C  D  N  O  Y
   S  O  Ì  U  C  R  T  S  A  B  A  T  O
   P  A  L  L  A  C  A  N  E  S  T  R  O
   C  N  M  E  R  C  O  L  E  D  Ì
      O  G  N  O  P  G  N  I  P
         E  L  U  N  E  D  Ì
```

Trova queste parole: (Find these words:)

PALLACANESTRO	NUOTO	LUNEDÌ	SPORT
MINIGOLF	CALCIO	MERCOLEDÌ	
PINGPONG	TENNIS	VENERDÌ	
VOLANO	RUGBY	SABATO	

13

la pera

la mela

la banana

l'arancia

la fragola

La frutta

il melone

il limone

14

La frutta (Fruit)

Scrivi in italiano le parole corrette sotto i disegni:
(Write the correct Italian word under each picture:)

1)

 il melone

2)

3)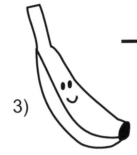

_____

_____

4)

5)

_____

_____

6)

7)

_____

_____

 la pera   la banana   la mela   la fragola   il limone   il melone   l'arancia

15

■ Quale frutta vogliono? (Which fruit do they want?)

Segui le linee. Scrivi quale frutta vogliono:
(Follow the lines. Write which fruit they want:)

il limone

a) _____

b) _____

c) _____

d) _____

e) _____

f) _____

la banana

la mela

la fragola

la pera

l'arancia

il limone

Quanti ce ne sono? (How many are there?)

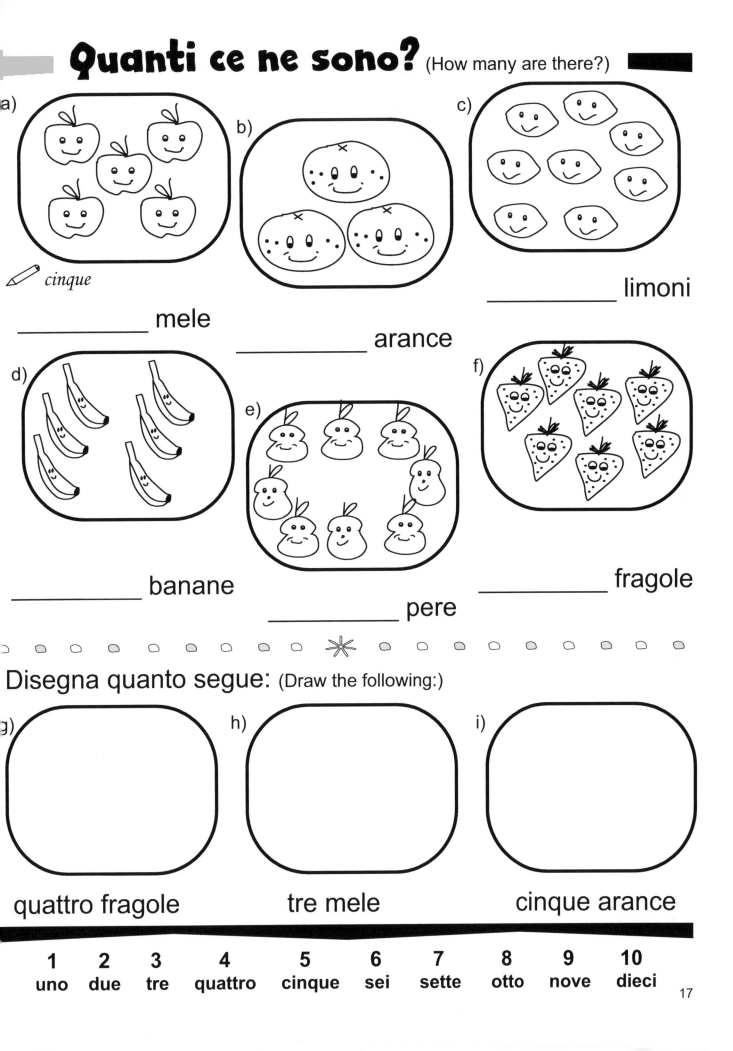

a) _cinque_

_____ mele

b) _____ arance

c) _____ limoni

d) _____ banane

e) _____ pere

f) _____ fragole

Disegna quanto segue: (Draw the following:)

g)

quattro fragole

h)

tre mele

i)

cinque arance

1	2	3	4	5	6	7	8	9	10
uno	due	tre	quattro	cinque	sei	sette	otto	nove	dieci

Al mercato (At the market)

Abbina la frase italiana con il disegno.
(Match the Italian phrase with the picture.)

| un chilo = 1 kg | due chili = 2 kg | mezzo chilo = ½ kg |

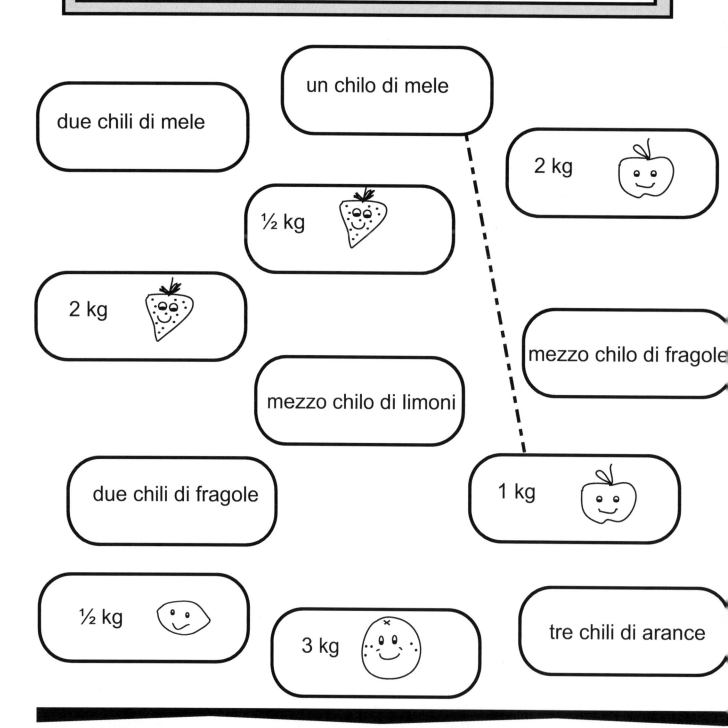

due chili di mele

un chilo di mele

2 kg

½ kg

2 kg

mezzo chilo di fragole

mezzo chilo di limoni

due chili di fragole

1 kg

½ kg

3 kg

tre chili di arance

fragole

mele

limoni

arance

18

Comprando frutta (Buying fruit)

Leggi la conversazione. (Read the conversation)

Cliente:	Buon giorno!
Commesso:	Buon giorno! Cosa desidera?
Cliente:	Un chilo di mele, per favore.
Commesso:	Cos'altro?
Cliente:	Mezzo chilo di fragole, per favore.
Commesso:	Cos'altro?
Cliente:	Quattro chili di arance, per favore.
Commesso:	Quattro chili?
Cliente:	Sì, per favore. E per finire un chilo di pere. Quant'è?
Commesso:	Undici euro
Cliente:	Grazie. Arrivederci!
Commesso:	Arrivederci!

Quant'è?

(How much is it for everything?)

- -

Rispondi alle domande: (Answer the questions:)

apples

1) What does the customer buy one kilo of? _____

2) What quantity of strawberries does the customer buy? _____

3) What does the customer buy four kilos of? _____

4) What else does the customer buy? _____

5) How much does it all cost? _____

cliente - customer	commesso - assistant	Buon giorno - Good day	10 - dieci
Cosa desidera? - What do you want?		Cos'altro? - anything else?	11 - undici
sì - yes per favore - please grazie - thank you		Arrivederci - Goodbye	12 - dodici

19

Ti piace la frutta? (Do you like fruit?)

Leggi le lettere e rispondi alle domande.
(Read the letter and reply to the questions.)

Ciao!

Ti piace la frutta? Mi piacciono le fragole.

Non mi piacciono le arance.

Ciao!

Maria

mele

fragole

pere

banane

arance

Ciao!

Mi piacciono le pere e le mele.

Non mi piacciono le banane.

Ciao!

Antonio

Ciao!

Mi piacciono le banane.

Non mi piacciono le pere.

Ciao!

Marco

Antonio

1) Who likes pears and apples? _____

2) Who likes strawberries _____

3) What fruit does Marco like? _____

4) What fruit does Antonio not like? _____

5) Who does not like pears? _____

6) What fruit does Maria not like? _____

When you say if you like fruit you talk about fruit in the plural (More than one).

So the sentences start with either:

Mi piacciono (I like)
or
Non mi piacciono (I don't like)

20

La frutta (Fruit)

Trova queste parole: (Find these words:)

la MELA

la BANANA

l'ARANCIA

la FRAGOLA

il LIMONE

la PERA

il MELONE

la FRUTTA

kg

il CHILO

```
R  B  A  O  G  P  H  K  W
S  R  D  A  N  A  N  A  B
U  E  T  E  R  S  C  V  L  A
P  C  F  R  U  T  T  A  H  Y  P
R  F  J  M  D  K  A  U  A  D  U
I  R  B  Z  S  L  R  E  R  N  C
B  A  K  R  E  T  J  R  A  J  H
T  G  E  M  U  B  E  C  N  M  I
R  O  T  I  C  N  M  O  C  P  L
Z  L  U  R  O  Z  S  J  I  W  O
N  A  P  L  U  M  N  B  A  V  L
S  G  E  Z  C  T  K  H  R  B  Z
M  J  S  E  N  O  M  I  L  W
```

There are several ways of writing our word **the** in Italian: il, lo, la, l', i, gli, le.
These words do not appear in the word search.

21

la gonna

la maglietta

il cappotto

il maglione

il vestito

i vestiti

i jeans

i calzoncini

i pantaloni

i vestiti (clothes)

Scrivi in italiano le parole corrette sotto i disegni:
Write the correct Italian word under each picture:)

| la maglietta | la gonna | i pantaloni | i jeans |
| i calzoncini | il maglione | il cappotto | il vestito |

1)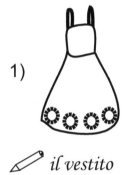

 il vestito

2)

_____

3)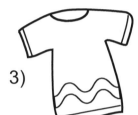

_____

4)

_____

5)

_____

6)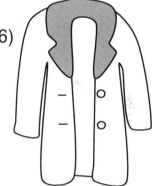

_____

7)

_____

8)

_____

Quanto costano i vestiti?

(How much are the clothes?)

costa ....It costs

costano....they cost

Abbina gli abiti con il prezzo corretto:
(Match the clothes with the correct price:)

La maglietta   costano venti euro

La gonna   costa undici euro

Il maglione   costano diciannove euro

Il cappotto   costa dodici euro

Il vestito   costano tredici euro

I jeans   costa sedici euro

I pantaloni   costa quattordici euro

I calzoncini   costa diciotto euro

11	12	13	14	15	16	17	18	19	20
undici	dodici	tredici	quattordici	quindici	sedici	diciassette	diciotto	diciannove	venti

Che colori sono i vestiti?

(What colour are the clothes?)

Colora i vestiti usando i colori corretti:
(Colour the clothes using the correct colours:)

rosso ....red	
giallo........ yellow	
bianco ...... white	
nero........ black	
verde .... green	
blu .... blue	
porpora..... purple	
rosa.......... pink	
marrone ... brown	
grigio .... grey	
arancione...orange	

a)
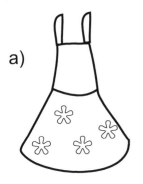

il vestito è rosso

b)
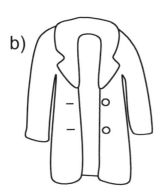

il capotto è nero

c)
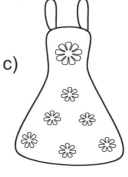

il vestito è rosa

d)

il maglione è verde

e)
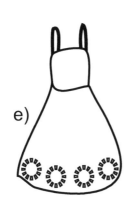

il vestito è porpora

f)
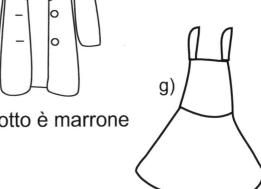

il capotto è marrone

g)

il vestito è arancione

h)

il maglione è giallo

i)

il maglione è blu

j)

il maglione è grigio

> **For words starting with il (masculine words) the ending of the colour doesn't change.**

25

Che colori sono i vestiti?
(What colour are the clothes?)

Colora i vestiti usando i colori corretti:
(Colour the clothes using the correct colours:)

a)

La maglietta è rossa.

b)

La maglietta è blu.

c)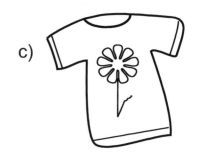

La maglietta è porpora

d)

La maglietta è gialla.

e)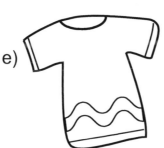

La maglietta è verde.

f)

La maglietta è arancione.

g)

La gonna è nera.

h)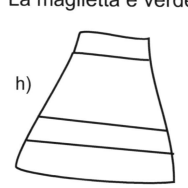

La gonna è grigia.

i)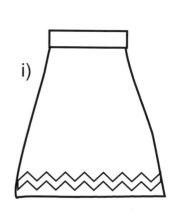

La gonna è bianca.

For words that begin with **la** (feminine words) the endings on the following colours stay the same:

blu (blue)	verde (green)	arancione (orange)
porpora (purple)	rosa (pink)	marrone (brown)

But the colours with an o ending change the **o** to an **a** :

gialla (yellow)　　rossa (red)　　bianca (white)　　grigia (grey)　　nera (black)

Quanti ce ne sono?

(How many are there?)

a)
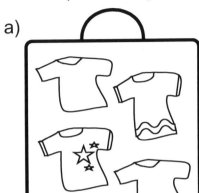

✏ quattro

_____ magliett**e**

b)

_____ vestit**i**

1 = uno
2 = due
3 = tre
4 = quattro
5 = cinque
6 = sei
7 = sette
8 = otto
9 = nove
10 = dieci

c)

_____ maglion**i**

d)
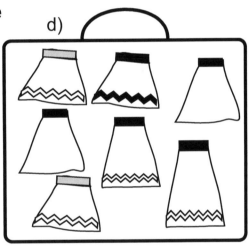

_____ gonn**e**

e)
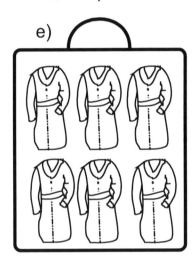

_____ cappott**i**

Come si dice quanto segue in italiano?

(How do you say the following in Italian?)

f) ten jumpers _____

g) eight skirts _____

h) nine t-shirts _____

i) seven dresses _____

j) four coats _____

Notice when there is more than one of each item, the endings of the words change:

Last **a** changes to **e**
e.g. magliett**a** > magliett**e**

Last **o** changes to **i**
e.g. vestit**o** > vestit**i**

27

i vestiti

```
K W L M A Y H M
Z I Y N V P K A
A V N U L A D G
L O P M N U L
G U C A H T G I
M J A G Z A Y E
C M P L U L B T
A P P I L O J T
L U O O V N L A
Z H T N M I C O
O K T E I S T B
N I O K M I O S
C Z H B T Y N C
I W J S W A L O
N I E R E V T M
I V A J Z L O Y
```

Trova : (find:)

la MAGLIETTA

la GONNA

il MAGLIONE

il CAPPOTTO

il VESTITO

i JEANS

i PANTALONI

i CALZONCINI

There are several ways of writing our word **the** in Italian: il, lo, la, l', i, gli, le.
These words do not appear in the word search.

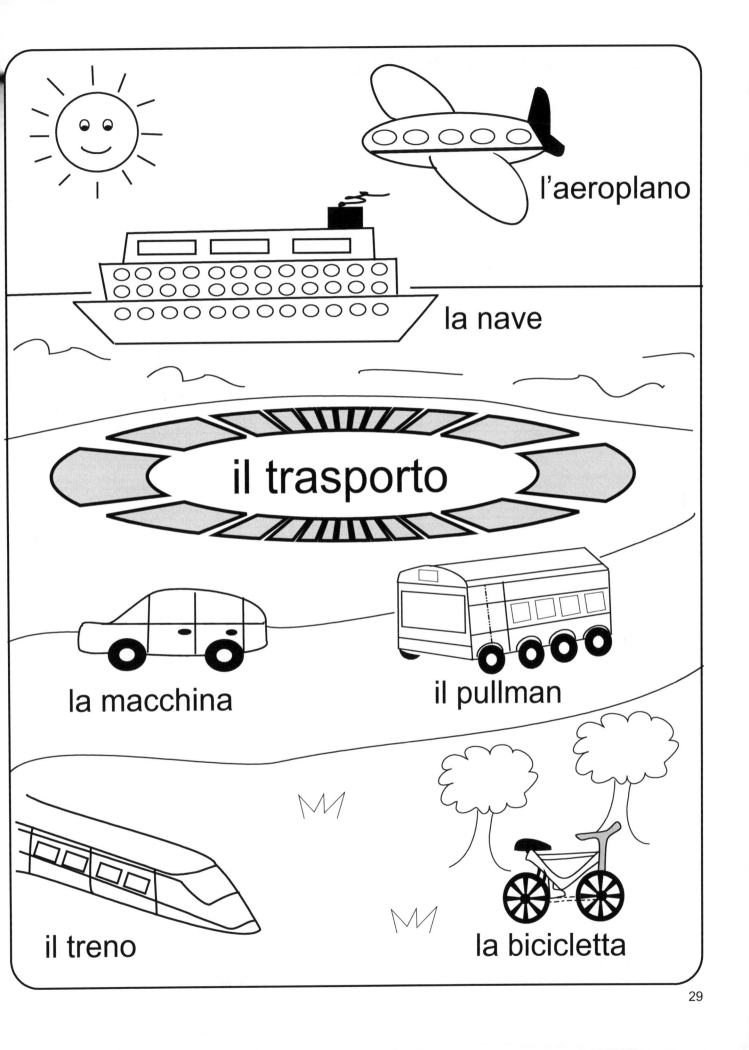

l'aeroplano

la nave

il trasporto

la macchina

il pullman

il treno

la bicicletta

il trasporto (transport)

1) Scrivi in italiano le parole corrette sotto i disegni:
(Write the correct Italian word under each picture:)

| l'aeroplano | il treno | il pullman | la bicicletta | la nave | la macchina |

a)

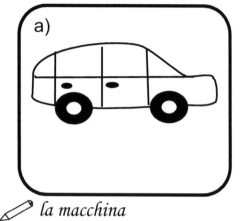

🖉 *la macchina*

b)

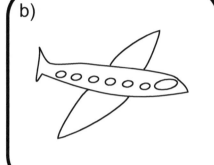

c)

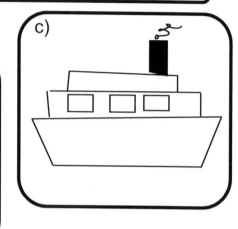

d)

e)

f)

2) Riordina le lettere per trovare le parole:
(Reorder the letters to find the word)  *la macchina*

a) a c h m n a c i _____

b) a v n e _____

c) a l m u p l n _____

d) n r o t e _____

30

Quanti ce ne sono? (How many are there?)

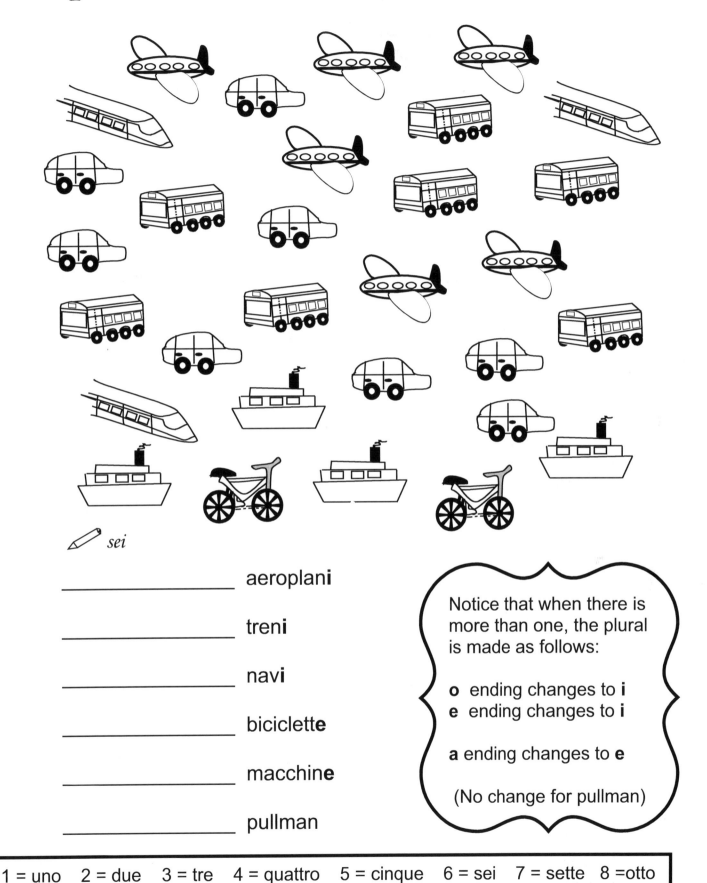

✏ *sei*

_____ aeroplan**i**

_____ tren**i**

_____ nav**i**

_____ biciclett**e**

_____ macchin**e**

_____ pullman

Notice that when there is more than one, the plural is made as follows:

o ending changes to **i**
e ending changes to **i**

a ending changes to **e**

(No change for pullman)

1 = uno   2 = due   3 = tre   4 = quattro   5 = cinque   6 = sei   7 = sette   8 =otto

Che colori sono? (What colour are they?)

Colora i disegni usando i colori corretti:
(Colour the pictures using the correct colours.)

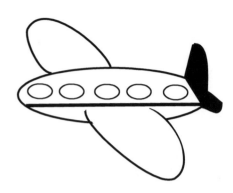

L'aeroplano è arancione.

Il pullman è giallo.

La macchina è nera.

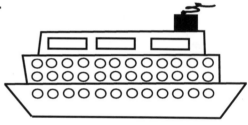

La bicicletta è grigia.

La nave è bianca.

Il treno è rosso.

giallo - yellow   arancione - orange   nero - black

grigio - grey   bianco - white   rosso - red

Notice how the **o** endings on the colours change to an **a** for the words which start with la (feminine words).

Come viaggiono le persone?

(How are the people travelling?)

Segui le linee. Scrivi le frasi in italiano:
(Follow the lines. Write the sentences in Italian:)

vado in = I go by

vado in treno = I go by train

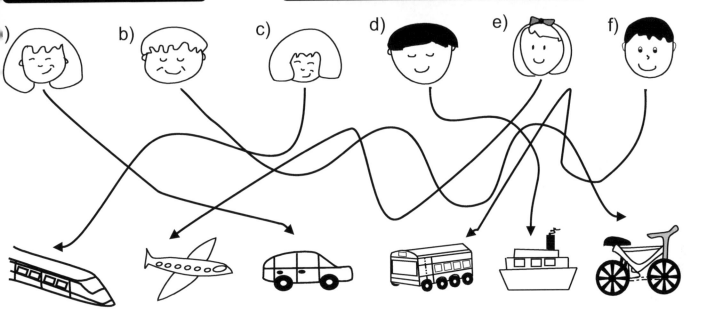

✎ *Vado in macchina.*

a) _____ .

b) _____ .

c) _____ .

d) _____ .

e) _____ .

f) _____ .

 Vado in treno - I go by train   Vado in nave - I go by boat

 Vado in macchina - I go by car   Vado in bicicletta - I go by bike

 Vado in pullman - I go by bus   Vado in aeroplano - I go by plane

33

il trasporto

Trova queste parole: (Find these words:)

la MACCHINA

la BICICLETTA

l'AEROPLANO

il TRASPORTO

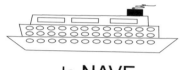
la NAVE

il TRENO

il PULLMAN

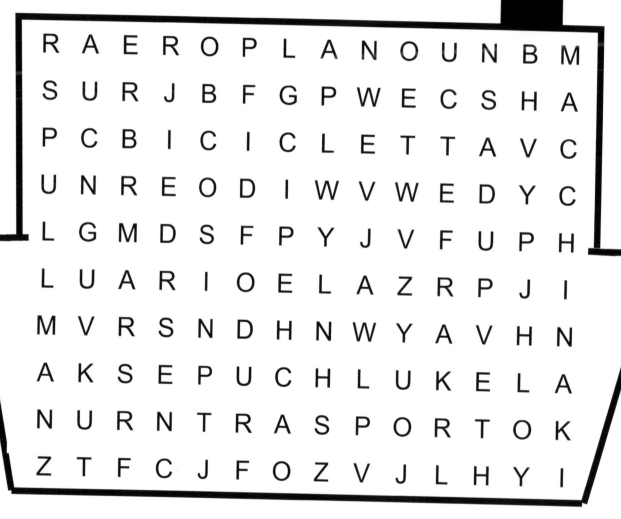

R	A	E	R	O	P	L	A	N	O	U	N	B	M
S	U	R	J	B	F	G	P	W	E	C	S	H	A
P	C	B	I	C	I	C	L	E	T	T	A	V	C
U	N	R	E	O	D	I	W	V	W	E	D	Y	C
L	G	M	D	S	F	P	Y	J	V	F	U	P	H
L	U	A	R	I	O	E	L	A	Z	R	P	J	I
M	V	R	S	N	D	H	N	W	Y	A	V	H	N
A	K	S	E	P	U	C	H	L	U	K	E	L	A
N	U	R	N	T	R	A	S	P	O	R	T	O	K
Z	T	F	C	J	F	O	Z	V	J	L	H	Y	I

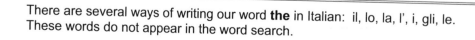

There are several ways of writing our word **the** in Italian: il, lo, la, l', i, gli, le.
These words do not appear in the word search.

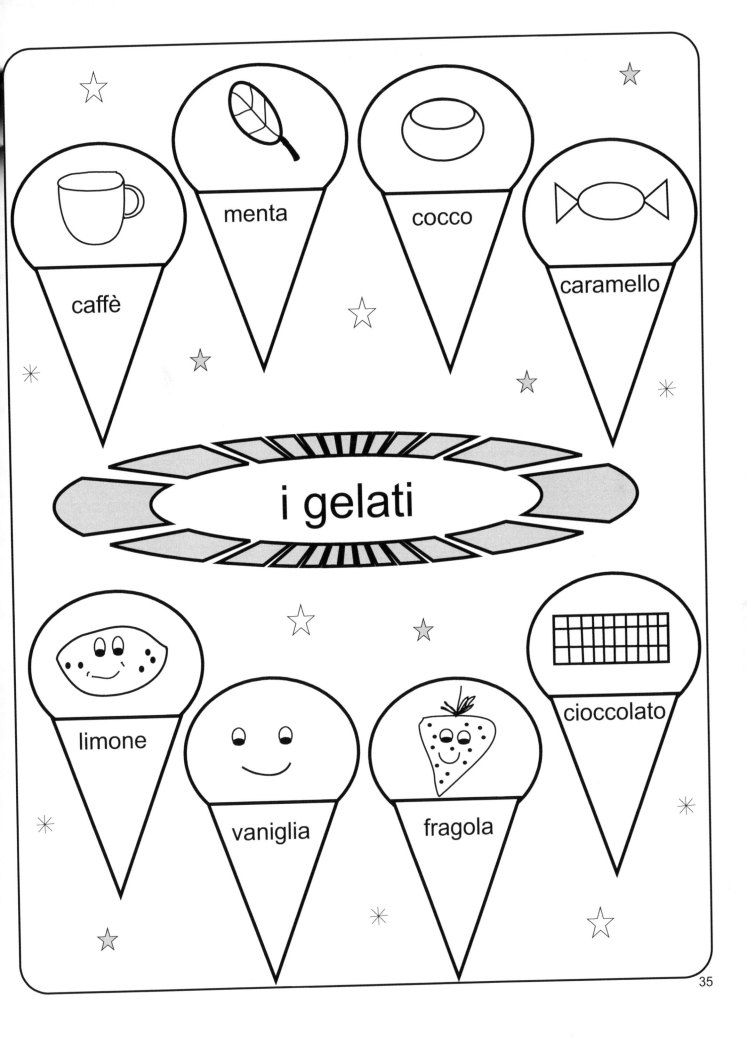

caffè

menta

cocco

caramello

i gelati

limone

vaniglia

fragola

cioccolato

35

i gelati (Ice creams)

Copia i disegni e le parole in italiano:
(Copy the pictures and the Italian words:)

menta

✏️ *menta*

vaniglia

fragola

cioccolato

caramello

cocco

Dì che colori sono i gelati?

(What colour are the ice creams?)

Leggi le frasi e colora i gelati usando i colori corretti:
(Read the sentences and colour the ice creams using the correct colours:)

bianco

Il gelato alla fragola è rosso.

Il gelato al caramello è marrone.

Il gelato alla vaniglia è giallo.

Il gelato al caffè è marrone.

Il gelato al cocco è _____ .

Il gelato alla menta è _____ .

Il gelato al cioccolato è _____ .

Il gelato al limone è _____ .

rosso = red   marrone = brown   giallo = yellow   verde = green   bianco = white

Vorrei un gelato, per favore

(I'd like an ice cream, please)

Vorrei un gelato alla menta, per favore.

María

Vorrei un gelato alla fragola, per favore.

Anna

Vorrei un gelato al cioccolato, per favore.

Marco

Vorrei un gelato alla vaniglia, per favore.

Roberto

Vorrei un gelato al caramello, per favore.

Elena

Rispondi alle domande: (Answer the questions:) *Elena*

1) Who would like a caramel flavoured ice cream? _____

2) Who would like a mint flavoured ice cream? _____

3) Which ice cream flavour would Anna like? _____

4) Which ice cream flavour would Marco like? _____

5) Which ice cream flavour would Roberto like? _____

vaniglia - vanilla   fragola - strawberry   cioccolato - chocolate

38   menta - mint   caramello - caramel

Cosa desidera? (What would you like?)

Usando la frase **vorrei un gelato** ___ _____ **per favore,**
chiedi questi gelati: (Using the phrase **vorrei un gelato** ___ _____
per favore, ask for these ice creams:)

Vorrei   un   gelato   alla   vaniglia

1) vanilla   _____ ____ _____ ____ _____ ,

per   favore.

_____ _____ .

2) strawberry   _____ ____ _____ ____ _____ ,

_____ _____ .

3) mint   _____ ____ _____ ____ _____ ,

_____ _____ .

4) chocolate   _____ ____ _____ ____ _____ ,

_____ _____ .

5) coffee   _____ ____ _____ ____ _____ ,

_____ _____ .

6) caramel   _____ ____ _____ ____ _____ ,

_____ _____ .

7) lemon   _____ ____ _____ ____ _____ ,

_____ _____ .

| al cocco | al limone | al caffè |
| al cioccolato | al caramello |

| alla vaniglia | lla fragola | alla menta |

39

i gelati (Ice creams)

Trova queste parole: (Find these words)

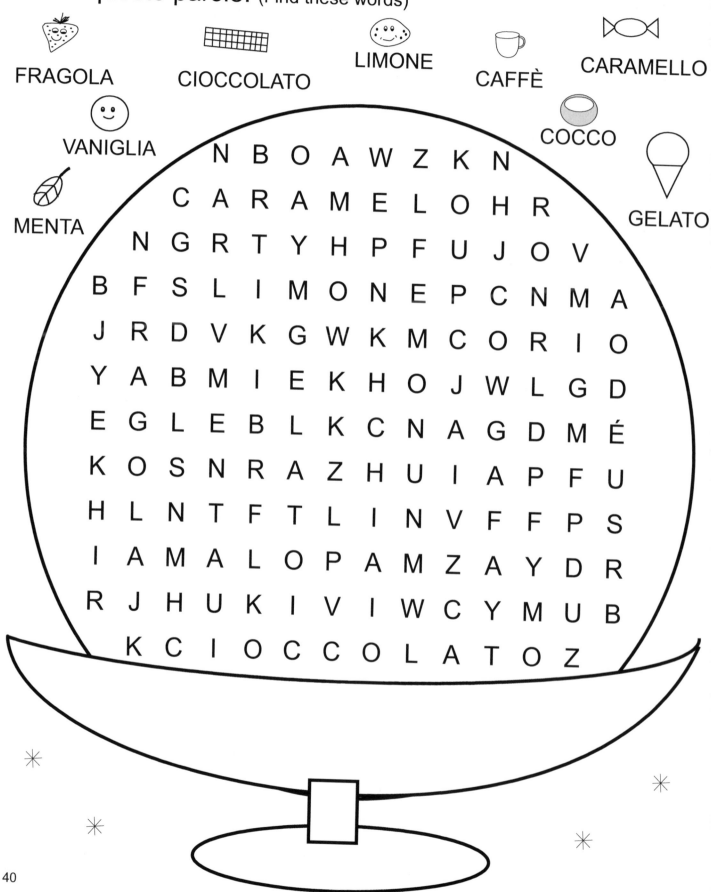

FRAGOLA

CIOCCOLATO

LIMONE

CAFFÈ

CARAMELLO

VANIGLIA

COCCO

GELATO

MENTA

```
N B O A W Z K N
C A R A M E L O H R
N G R T Y H P F U J O V
B F S L I M O N E P C N M A
J R D V K G W K M C O R I O
Y A B M I E K H O J W L G D
E G L E B L K C N A G D M É
K O S N R A Z H U I A P F U
H L N T F T L I N V F F P S
I A M A L O P A M Z A Y D R
R J H U K I V I W C Y M U B
K C I O C C O L A T O Z
```

40

Italian		English		Italian		English	
l'	aeroplano	the	plane		martedì		Tuesday
l'	arancia	the	orange (fruit)	la	mela	the	apple
	arancione		orange (colour)	il	melone	the	melon
	arrivederci		good bye		menta		mint
la	banana	the	banana		mercoledì		Wednesday
	bianco / bianca		white		mezzo		half
la	bicicletta	the	bike		mi piacciono		I like (+ word in plural)
	blu		blue		mi piace		I like (+ word in singular)
	Buon giorno		Good day	il	mini-golf		mini-golf
	caffè		coffee	la	nave	the	boat
il	calcio		football		nero / nera		black
i	calzoncini	the	shorts		non mi piacciono		I don't like (+ word in plural)
il	cappotto	the	coat		non mi piace		I don't like (+ word in singular)
	caramello		caramel	i	numeri	the	numbers
un	chilo	a	kilo	il	nuoto		swimming
	cioccolato		chocolate	la	pallacanestro		basket ball
	cliente		customer	i	pantaloni	the	trousers
	cocco		coco nut		per favore		please
	commesso		assistant	la	pera	the	pear
	Cosa desidera?		What do you want?	le	persone	the	people
	Cos'altro?		Anything else?	il	ping-pong		ping-pong
	costa		it costs		porpora		purple
	costano		they cost	il	pullman	the	bus
	diciannove		nineteen		Quant'è?		How much for everything?
	diciassette		seventeen		quattordici		fourteen
	diciotto		eighteen		quindici		fifteen
	dodici		twelve		rosa		pink
	domenica		Sunday		rosso / rossa		red
	è		is	il	rugby		rugby
	E per finire		Finally		sabato		Saturday
la	fragola	the	strawberry		sedici		sixteen
la	frutta	the	fruit		sono		are
un	gelato	an	ice cream	lo	sport		sport
	giallo / gialla		yellow	il	tennis		tennis
il	giorno	the	day	il	trasporto	the	transport
	giovedì		Thursday		tredici		thirteen
la	gonna	the	skirt	il	treno	the	train
	grazie		thank you		undici		eleven
	grigio / grigia		grey		vaniglia		vanilla
i	jeans	the	jeans		veneredì		Friday
il	limone	the	lemon		venti		twenty
	lunedì		Monday		verde		green
la	macchina	the	car	i	vestiti	the	clothes
la	maglietta	the	t-shirt	il	vestito	the	dress
il	maglione	the	jumper	il	volano		badminton
	marrone		brown		vorrei		I would like

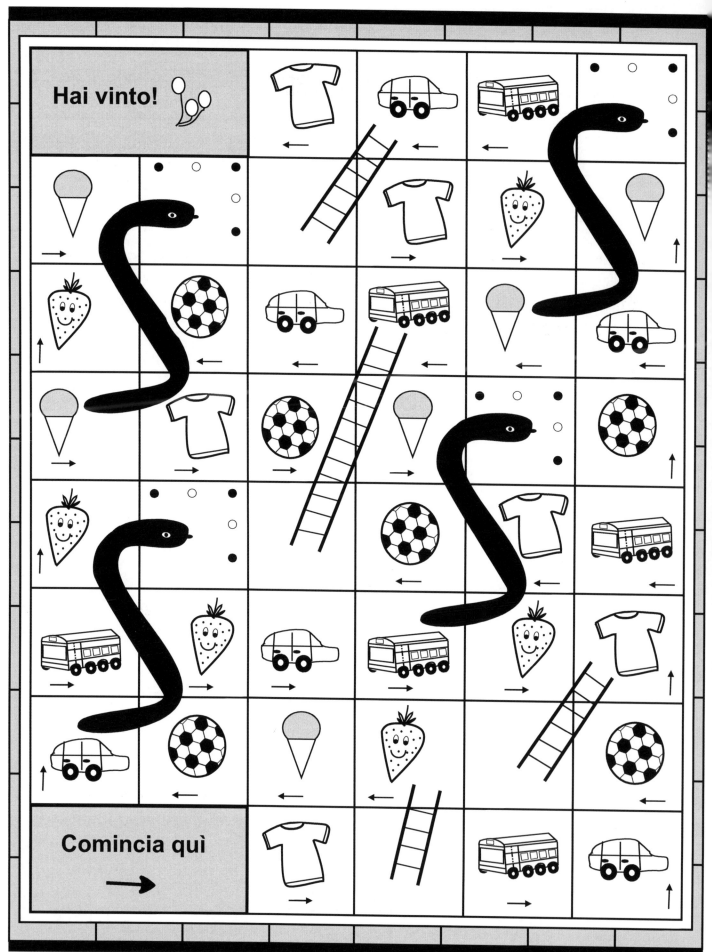

Hai vinto!

Comincia quì →

42

Snakes & ladders game

For this game, you will need a dice and a counter for each player.
(The counters could be rubbers, cubes or you could make your own on pieces of paper.)

How to play

Start at "**Comincia quì**" roll the dice and count that number of squares.

If the final square has the bottom of the ladder in it go up it, or if it has the head of a snake go down it.

Say the word for the picture you land on in Italian.

Take turns to roll the dice. To win, arrive first at "**Hai vinto!**"

un gelato
(an ice cream)

la fragola
(the strawberry)

il calcio
(the football)

la maglietta
(the t-shirt)

il pullman
(the bus)

la macchina
(the car)

Games are a fun way to learn a foreign language! If you like games you could try the book Italian Word Games - Cool Kids Speak Italian.

Answers

Page 2

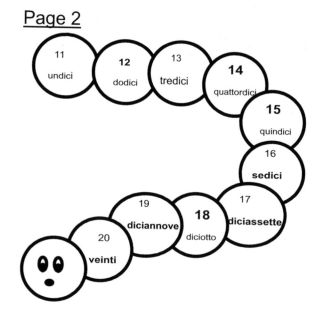

Page 3

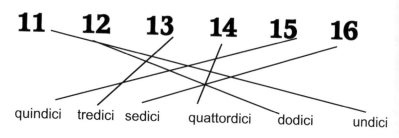

Page 4

1a) quindici b) venti c) sedici
d) dodici e) quattordici f) diciassette

2a) diciannove b) undici
c) tredici d) diciassette

Page 5

D	I	C	I	A	S	S	E	T	T	E				D
	Q	U	A	T	T	O	R	D	I	C	I			I
D					I				I		D	C		C
O				C		I		C			I			I
D			I		C		I		I		C		A	
I		D			I		D		C		I	I	N	
C	N		D		N		E		T		O	N		
I	U		E		I		D	N			T	O		
	R		U		E		E				T	V		
T		Q		S		V					O	E		

Page 7

a) il calcio b) il tennis c) il nuoto
d) il mini-golf e) il rugby f) la pallacanestro
g) il ping-pong h) il volano

Page 8

1) il calcio 2) il nuoto 3) il tennis
4) il ping-pong 5) la pallacanestro
6) il mini-golf 7) il rugby 8) il volano

Page 9

1)Sì 2)Sì 3)Sì 4)No 5)Sì 6)No 7)Sì 8)No

Page 10

If you like the sport write:
1) Mi piace il tennis.
2) mi piace il nuoto.
3) Mi piace il calcio.
4) Mi piace il rugby.
5) Mi piace il ping-pong.
6) Mi piace il mini-golf.
7) Mi piace la pallacanestro.

If you don't like the sport write:
Non mi piace il tennis.
Non mi piace il nuoto.
Non mi piace il calcio.
Non mi piace il rugby.
Non mi piace il ping-pong.
Non mi piace il mini-golf.
Non mi piace la pallacanestro.

Page 11

1) Sunday 2) Monday 3) Wednesday 4) Friday 5) Thursday
6) Tuesday 7) Saturday

44

Page 12

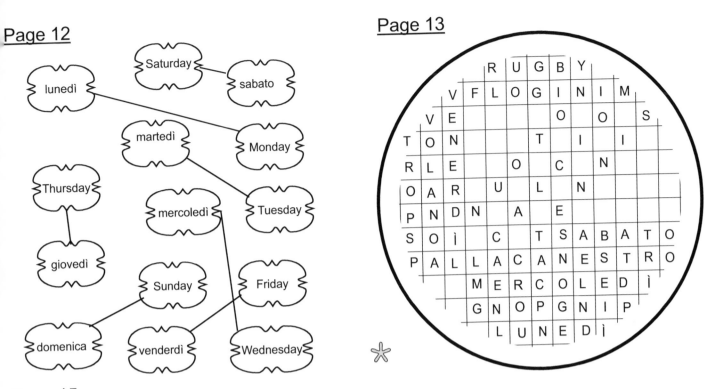

Page 13

Page 15

1) il melone 2) la fragola 3) la banana 4) la mela 5) la pera 6) il limone 7) l'arancia

Page 16

a) il limone b) l'arancia c) la pera d) la mela e) la banana f) la fragola

Page 17

a) cinque mele
b) tre arance
c) otto limoni
d) sei banane
e) otto pere
f) sette fragole

g)

h)

i)

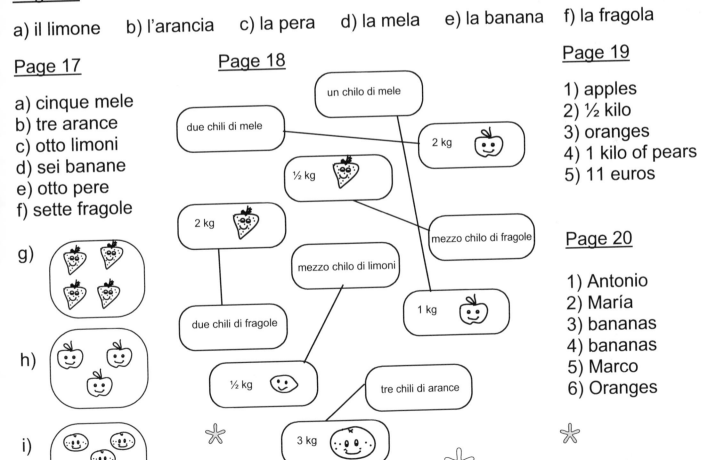

Page 18

Page 19

1) apples
2) ½ kilo
3) oranges
4) 1 kilo of pears
5) 11 euros

Page 20

1) Antonio
2) María
3) bananas
4) bananas
5) Marco
6) Oranges

Page 21

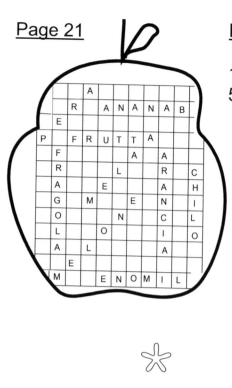

Page 23

1) il vestito   2) il maglione   3) la maglietta   4) i jeans
5) la gonna   6) il cappotto   7) i pantaloni   8) i calzoncini

Page 24

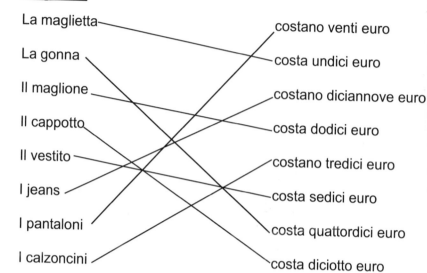

La maglietta ——————— costano venti euro

La gonna ——————— costa undici euro

Il maglione ——————— costano diciannove euro

Il cappotto ——————— costa dodici euro

Il vestito ——————— costano tredici euro

I jeans ——————— costa sedici euro

I pantaloni ——————— costa quattordici euro

I calzoncini ——————— costa diciotto euro

Page 25

a) The dress is red.
d) The jumper is green.
g) The dress is orange.
j) The jumper is grey.

b) The coat is black.
e) The dress is purple.
h) The jumper is yellow

c) The dress is pink.
f) The coat is brown.
i) The jumper is blue.

Page 26

a) The t-shirt is red.
d) The t-shirt is yellow.
g) The skirt is black.

b) The t-shirt is blue.
e) The t-shirt is green.
h) The skirt is grey.

c) The t-shirt is purple.
f) The t-shirt is orange.
i) The skirt is white.

Page 27

a) quattro magliette
b) cinque vestiti
c) tre maglioni
d) sette gonne
e) sei cappotti
f) dieci maglioni
g) otto gonne
h) nove magliette
i) sette vestiti
j) quattro cappotti

Page 28

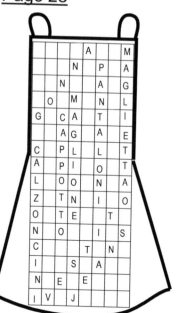

Page 30

1a) la macchina   b) l'aeroplano
  c) la nave   d) la bicicletta
  e) il pullman   f) il treno

2a) macchina   b) nave
  c) pullman   d) treno

Page 31

sei aeroplani   tre treni
quattro navi   due biciclette
otto macchine   sette pullman

Page 32

The bus is yellow.
The bike is grey.

The plane is orange.
The boat is white.

The car is black.
The train is red.

Page 33

a) Vado in macchina.
d) Vado in nave.

b) Vado in bicicletta.
d) Vado in aeroplano.

c) Vado in treno.
e) Vado in pullman.

Page 34

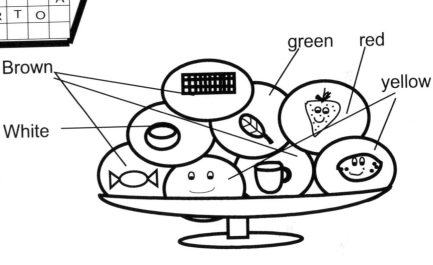

green   red

yellow

Brown

White

Page 37

Il gelato al cocco è limone.
Il gelato alla menta è verde.
Il gelato al cioccolato è marrone.
Il gelato al limone è giallo.

Page 38

1) Elena   2) María   3) Strawberry   4) Chocolate   5) Vanilla

Page 39

1) Vorrei un gelato alla vaniglia, per favore.
2) Vorrei un gelato alla fragola, per favore.
3) Vorrei un gelato alla menta, per favore.
4) Vorrei un gelato al cioccolato, per favore.
5) Vorrei un gelato al caffè, per favore.
6) Vorrei un gelato al caramello, per favore.
7) Vorrei un gelato al limone, per favore.

Page 40

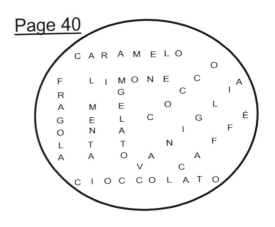

Also available by Joanne Leyland:

French

Young Cool Kids Learn French
Cool Kids Speak French (books 1, 2 & 3)
French Word Games - Cool Kids Speak French
40 French Word Searches Cool Kids Speak French
First 100 Words In French Coloring Book Cool Kids Speak French
French at Christmas time
On Holiday In France Cool Kids Speak French
Cool Kids Do Maths In French
Un Alien Sur La Terre
Le Singe Qui Change De Couleur
Tu As Un Animal?

Italian

Young Cool Kids Learn Italian
Cool Kids Speak Italian (books 1, 2 & 3)
Italian Word Games - Cool Kids Speak Italian
40 Italian Word Searches Cool Kids Speak Italian
First 100 Words In Italian Coloring Book Cool Kids Speak Italian
On Holiday In Italy Cool Kids Speak Italian
Un Alieno Sulla Terra
La Scimmia Che Cambia Colore
Hai Un Animale Domestico?

German

Young Cool Kids Learn German
Cool Kids Speak German (books 1, 2 & 3)
German Word Games - Cool Kids Speak German
40 German Word Searches Cool Kids Speak German
First 100 Words In German Coloring Book Cool Kids Speak German

Spanish

Young Cool Kids Learn Spanish
Cool Kids Speak Spanish (books 1, 2 & 3)
Spanish Word Games - Cool Kids Speak Spanish
40 Spanish Word Searches Cool Kids Speak Spanish
First 100 Words In Spanish Coloring Book Cool Kids Speak Spanish
Spanish at Christmas time
On Holiday In Spain Cool Kids Speak Spanish
Cool Kids Do Maths In Spanish
Un Extraterrestre En La Tierra
El Mono Que Cambia De Color
Seis Mascotas Maravillosas

English as a foreign language

Cool Kids Speak English (books 1 & 2)

The word search editions have 40 topics in each book. The word searches are in fun shapes. Pictures accompany the words to find.

The first 100 words colouring book editions have 3 or 4 words per page, and are ideal for those who like to colour as they learn.

The stories in a foreign language have an English translation at the back, a useful vocab list and llyrics for a song.

If you like games, you could try the word game editions.

The holiday editions have essential words & phrases in part 1. And in part 2 there are challenges to use these words whilst away.

For more information on the books available, and different ways of learning a foreign language go to https://learnforeignwords.com

Made in the USA
Middletown, DE
18 December 2022

19502335R00029